Joan Barril & Joan Ollé

BONS PROPÒSITS

Joan Barril & Joan Ollé

BONS PROPÒSITS

ara LLIBRES

Primera edició: novembre de 2002
Segona edició: novembre de 2002

Ara Llibres, S.L.
Muntaner 187 bis, 5è 1a
08036 Barcelona
Tel. 93 363 52 00

Disseny de coberta: Neli Ferrer
Fotocomposició: Victor Igual, S. L.
Fotografía de solapa: Dani Codina

Impressió: Gramagraf sccl
Sant Antoni 17, 08923 Santa Coloma de Gramenet

ISBN: 84-932886-0-8
DIPÒSIT LEGAL: B-47.392-2002

A nosaltres dos.

BONS PROPÒSITS

Anar a viure a una platja més aviat petita. De dia, comptar els grans de sorra i de nit, comptar les estrelles. Després, disposar-nos a morir tranquils.

Nedar fins a l'horitzó i tornar abans no sigui fosc.

Vestir-nos amb el millor dels nostres vestits i la millor corbata, agafar una galleda i una esponja, posar-nos en un lloc ben visible i oferir-nos per rentar els cotxes bruts.

Demanar foc pel carrer. Quan ens el donin, treure una bengala de la butxaca, encendre-la i regalar-la al nostre benefactor.

Escriure en un paper totes aquelles coses que hem fet malament al llarg de la nostra vida. Després agafar una ampolla d'aiguardent i cremar-les. Quan algú vegi l'ampolla buida, dir-li que cremem per oblidar.

Llançar veces als coloms disfressats de franciscans.

Creure'ns que som els àngels de la guarda i anar a la ciutat per advertir la gent quan estiguin a punt de robar-los la bossa.

Entrar a una botiga de calçat i demanar dues sabates d'un mateix peu.

Treure els nostres estalvis de la caixa i comprar unes crosses d'or als pobres futbolistes que se'ns trenquin.

A mesura que llegim, anar estripant les planes del llibre.

Quan vingui l'hivern, foradar una part del jardí per acollir alguna colònia de formigues que arribi tard de vacances.

Buscar per les parades dels Encants aquells que vam ser algun dia.

Portar una maleta plena de barrets i posar-nos-els en funció d'allà on anem: un de mariner quan anem pel port, una copa alta quan passem pel Liceu, una gorra de cop quan passem davant d'una llar d'infants...

Jugar a daus amb bales de vidre.

Entrar al nostre banc disfressats de pidolaires, i quan vinguin a fer-nos fora, liquidar el compte corrent i demanar si coneixen algun banc on tractin bé la gent.

Anar a missa i aplaudir els millors moments.

❀

Comprar una parella de ratolins i posar-los en una gàbia amb un ratolí d'ordinador. Introduir en una caixa de cargols un bon grapat de cargols de ferreteria. Fer dormir el gat siamès al costat de la peça que ens serveix per aixecar el cotxe.

Comptar quants segons som capaços d'estar sense respirar.

Anar a fer un cafè amb algú amb qui mai no aniríem a prendre un cafè, tot i que no ens agradi el cafè.

Comprar una màquina d'escriure a mà.

Deixar veces a l'ampit de la finestra per acostumar els ocells que vinguin a menjar. Després, canviar les veces per caviar, i quan els tinguem ben acostumats, tornar a les veces i veure com se'n van anant cap a finestres més pròsperes.

Obtenir llicència d'armes i disposar-nos a escriure un llibre de poemes.

Quan agafem el metro, comprar dos bitllets en comptes d'un. Si veiem que ve el revisor i que hi ha algú que no té bitllet, donar-li el nostre amb l'advertència que no ho torni a fer mai més.

Anar a la sortida dels col·legis i als casals de gent gran i situar-nos així al centre exacte de la vida.

Comprar un estetoscopi, posar-lo a les orelles d'un nen petit i fer-li sentir el batec del seu propi cor.

Asseure'ns a les platges i esperar que vagin arribant les ampolles dels nàufrags antics.

Agafar una novel·la gruixuda. Desfer els fulls, un a una pila i el següent a l'altra. Relligar per separat totes dues piles, donar-les a dues persones i fer que s'expliquin l'una a l'altra la novel·la que han llegit.

Aprendre a comptar en números romans.

Agafar un globus, i penjar-hi un bitllet de 500 euros i esperar que algú s'aprofiti d'uns diners caiguts del cel.

Saber comptar fins a 10 en totes les llengües del món.

Anar a l'aeroport amb una maleta de les més habituals. Deixar-la a la cinta i canviar-la per una altra. Un cop a casa, inspeccionar-ne el contingut, imaginar com és el propietari i fer-nos amics.

Anar a confessar-nos d'allò que estem a punt de fer.

Tancar la finestra fins que no hi entri ni una escletxa de llum. Deixar els rellotges a fora i perdre la noció del temps fins que ja no sapiguem si som cos o només ànima.

Com deia aquell, tancar una porta, però obrir una finestra.

Fer enviar cada dia una flor a la veïna, sempre a la mateixa hora i mirar-la d'amagat per veure la cara que fa i si s'imagina que la solució és tan a prop.

Aprendre a anar marxa enrere en bicicleta.

Si algú ens deu diners, trucar-lo i perseguir-lo a totes hores, que sàpiga que el busquem. Quan es pensi que l'estem collant i que volem que ens torni el deute, sorprendre'l dient-li que estem en paus.

Comptar exactament els dies que hem viscut procurant no equivocar-nos amb els anys de traspàs.

Anar al parc i demanar als nens que ens deixin jugar a saltar a la corda, a bales, al cèrcol i a altres jocs antics.

Encarregar a un vidrier un vidre amb baf perquè sempre sigui hivern.

Escriure un dietari i no fer-ne cap còpia. Relligar-lo amb unes tapes dures i llampants i dipositar-lo a la taula de novetats d'una llibreria mentre vigilem qui el compra i es fa dipositari de la nostra vida.

Sucar una magdalena en un cafè amb llet sabent que, quan siguem grans, recordarem aquest moment.

Posar cadascú els rellotges de casa a una hora diferent i triar, en cada ocasió, l'hora que més ens convingui.

Si tenim una terrassa, fer una mostra d'horticultura variada i en miniatura: uns quants grans d'arròs, una tomaquera, un parell d'enciams, dues mates de maduixes i fer que la collita ens serveixi per a un únic àpat per saber què és viure en l'escassetat.

Enganyar Hisenda: pagar molt més d'allò que ens toca i esperar que se n'adonin.

Anar al Teatre Grec vestits de grec i parlant en grec.

Deixar-nos seguir una estona per un gos perdut.

Agafar una cafetera d'aquestes clàssiques. Omplir la cassoleta de la cafetera amb tota mena de pols, sorres i d'altres substàncies. Després abocar-les en tasses i tastar-les.

Mirar al rebost si hi ha alguna llauna caducada.

Canviar les bombetes de casa per bombetes de llum negra i reconèixer la família pel coll de les camises i per l'amplada del somriure.

Tornar a comptar els graons que hi ha del carrer fins al primer replà.

Anar a un hotel de gran luxe quan facin una festa de gala. Anar-hi vestits amb esmòquing i corbatí però dalt d'una bicicleta. Quan arribem, dir a l'aparcador que ens l'aparqui.

Tancar els ulls i gaudir dels arabescos que ens fa veure la foscor.

Ara que ja s'ha acabat tot, anar al Fossar de les Moreres i dipositar-hi una única i esplèndida rosa.

Baixar de l'autobús una parada abans i cedir el seient a una persona d'edat.

Recollir aigua de pluja en una copa de cristall.

Passar-nos el matí jugant als daus i apuntar en una llibreta totes les jugades. Després, a la tarda, anar al Casino a veure si el mètode funciona.

Fer un llistat per ordre alfabètic de tota la gent que hem estimat. Comparar-la amb la gent que ens ha estimat a nosaltres.

Trucar a un telèfon qualsevol d'una ciutat amenaçada i preguntar a qui respongui com estan les coses, interessar-nos per la seva família i dir-los que els anirem trucant.

Batejar el nostre fill amb el nom del nostre adversari.

Recollir les últimes fotos de l'estiu, congelar-les i treure-les durant el dinar de Nadal.

Demanar a un taxista que ens dugui a casa. Quan ens pregunti on és, posar-nos a plorar.

Anar a fer immersió a la costa i buscar tots els peus d'ànec que s'han quedat al fons.

Tocar la nostra cançó preferida prement les tecles d'una capsa de llapis de colors.

Buscar una joguina atrotinada de les que sempre queden amagades en algun lloc, embolicar-la amb papers de colors i deixar-la al balcó com si els reis, en comptes de regalar-nos coses, ens regalessin una segona oportunitat.

Endreçar la llibreria pels colors dels lloms dels llibres.

Encara que no tinguem la grip, posar-nos al llit amb un termòmetre a la boca i demanar als amics que ens vinguin a veure.

Embenar-nos els ulls i fer que algú ens acompanyi pel metro. Anar sortint a les estacions i un cop a fora obrir els ulls i encertar en un instant on som.

Plorar.

Agafar un camell ràpid i seguir el rastre dels reis d'Orient. Un cop encalçats, oferir-nos com a patges per a l'any vinent.

Contractar els serveis d'una cangur. Quan arribi i demani on és la criatura, dir-li que el nen som nosaltres.

Agafar l'enciclopèdia i anar-la llegint cada dia anotant totes les paraules que no coneixem. En acabar, comprovar les moltes coses que encara ignorem.

Perdre un imperdible.

Enviar una jaqueta de llana a algun amic que tinguem a l'hemisferi sud i imaginar-nos la calor que patirà quan toqui la llana en ple estiu.

Anar als autos de xoc i evitar qualsevol topada.

Quedar per trobar-nos una hora i arribar-hi sempre mitja hora abans, per així recollir les excuses innecessàries que ens donen els que arriben simplement puntuals.

Demanar pressupostos. Dir sempre que no.

Anar a un hospital i passejar-nos-hi cada dia amb una bata blanca i un fonendo penjat del coll, a veure què passa.

Anar a un museu i comprovar una vegada més que el millor quadre és la finestra.

Agafar l'arbre de Nadal que hem anat regant durant aquests dies i, de nit, plantar-lo a un jardí públic, a veure qui és el guapo que l'arrenca.

Escriure amb esprai a la paret en llatí fent lletra gòtica.

Aprofitant que un amic és fora de casa seva una temporada, contractar un electricista i fer que canviï els interruptors, de tal manera que quan accioni l'interruptor del rebedor, s'encengui el llum de la cuina i quan connecti el televisor soni el timbre de la porta.

Prendre el sol amb un guant a la mà dreta. Després, saludar els enemics amb la freda encaixada d'una mà blanca.

Trucar al telèfon de l'esperança i demanar que s'hi posi l'Esperança.

Escriure al llibre de reclamacions d'un restaurant una extensa i apassionada carta d'amor a la cambrera que ens ha atès.

Comprometre'ns a no fer servir el telèfon mòbil i endinsar-nos en la columbofília. Quan descobrim que els coloms missatgers són tan eficaços com el mòbil, pujar als terrats i desconnectar les antenes.

Omplir la ciutat de fotocòpies que anunciïn que hem perdut un gos que mai no hem tingut.

Fer-nos enguixar un braç només perquè els amics hi escriguin coses.

Fer vaga de lletres i durant tot el dia suprimir-ne alguna de totes les converses. Per exemple: si la *b* fa vaga, direm: «on dia, estic eent un ol de rou. Visc a arcelona i ara aniré a veure el arça.»

Deixar que regalimi un fil d'aigua de l'aixeta del safareig només perquè la casa sencera es converteixi en un pati andalús.

Escriure durant aquest any cartes als directors dels diaris parlant de coses bones i agradables, dient que tot va bé, que les ciutats són netes, que els trens arriben puntuals, i que hi ha funcionaris amables, i després constatar quin percentatge d'aquestes cartes han estat publicades.

Jugar-se un clavell vermell al trenta-cinc negre.

Fer fotocòpies dels diaris del segle XIX i posar-los a terra després de fregar una biblioteca pública. Esperar a veure qui se n'adona i qui s'apropa a collir-los.

Comprar flors artificials i regar-les amb aigua de colònia.

Comprar ampolletes petites plenes d'aigua destil·lada. Anar a la porta de les fàbriques o de les empreses i vendre-les assegurant que a cada ampolla hi ha el virus de la grip que els procurarà una esplèndida setmana de baixa.

Presentar-nos a un concurs de bellesa i acceptar el veredicte del jurat.

Comprar una agenda caducada i escriure-hi tot allò que hauríem d'haver fet.

Aprofitar que els nostres companys de feina estan despistats per agafar-los les targetes Sim dels telèfons mòbils. Barrejar-les a l'atzar i introduir-les una altra vegada als telèfons, i així fer nous amics entre els amics dels altres.

Imitar la firma del pare i donar-nos permís per allò que mai no havíem gosat fer.

Amagar el comandament a distància del televisor i comprovar que la tele no val la pena quan hem de fer el mínim esforç d'aixecar el cul de la butaca.

Obrir totes les gàbies de tots els ocells.

Demanar un cafè de Colòmbia i llegir en els pòsits de la tassa el futur d'aquell país.

Posar dintre un microones un llapis i uns fulls en blanc. Al cap d'un temps obrir-lo i extreure'n una gran novel·la.

Agafar totes les monedes de pela, de duro i de vint duros i fondre-les. Amb el metall roent, fer falques per evitar que les taules trontollin.

Anar a cal metge a llegir les revistes de la sala d'espera. Quan ens cridin, dir que ja ens trobem molt millor i anar-nos-en.

Repartir cada setmana *peladilles* com si hagués-sim batejat un fill. Després encarregar fotos de nens de tots els colors i anar-nos creant una falsa fama de grans fecundadors.

Cantar sota la pluja.

Si coneixem algú que faci anys un dia d'aquests, en lloc de regalar-li un pastís amb moltes espelmes, regalar-li una única i gran espelma que estigui encesa dia i nit fins l'aniversari de l'any vinent.

Desitjar els pits de les dones, no pas per desig sinó per golafreria.

Plantar un cactus i posar-hi al costat una galleda plena d'aigua i un comptagotes. Anotar les gotes que calen per mantenir viva la planta.

Comprar una gramola espatllada, fer girar la maneta i escoltar un silenci antic.

Oferir-nos per fer cua i guardar la tanda a tota aquella gent que té pressa per arribar a una segona cua.

Deixar-nos barba i bigoti, fer-nos una foto i després anar a ca'l barber perquè ens deixi com abans.

Escriure una carta al rei d'Espanya convidant-lo a sopar a casa. Anar insistint fins que algun dia ens arribin els guardaespatlles dient que ja ens podem posar a la cuina.

Cedir el seient a una noia molt jove.

Omplir una banyera amb cargols bovers. Treure'ns la roba i ficar-nos a dintre a veure quant de temps aguantem.

Aturar-nos als aparadors de roba infantil enyorant aquell fill que no tindrem.

Anar a una casa de música i comprar una trompeta de plàstic. Després passejar-nos per davant de la prefectura de policia tocant algunes notes. Si sou de raça blanca no us passarà res.

Demanar canvi a un pidolaire.

Agafar les obres completes d'un clàssic, embolicar-les en plàstic, ficar-les en una capsa de galetes, enterrar-les al jardí i posar-hi una petita làpida. D'aquí a molts anys, acostar-nos-hi una altra vegada, de nit i amb un fanalet d'oli, i desenterrar els llibres com si fossin el producte de la terra i no de l'autor.

Llançar vi damunt les estovalles blanques i decidir que d'ara endavant aquell serà el mapa del nostre país.

Convocar tots els fills i néts i besnéts dels amics dels nostres pares i fer l'arbre genealògic de l'amistat.

Dir sovint, enmig d'una conversa, el nom dels morts estimats, perquè no acabin d'anar-se'n.

Penjar una hamaca entre els semàfors del carrer per fer la migdiada i esperar el temps que tarden a detenir-nos pel delicte de la mandra.

Saber amb exactitud el significat de les paraules: habeas corpus, paleolític, pitusporus, prevaricació.

Emmagatzemar la cendra dels cigarrets que ens fumem i posar-los en una urna, com si fos un trosset de la nostra vida que ha passat a millor vida.

Demanar a un guàrdia municipal on cau el carrer Jaime Gil de Biedma, la plaça Gabriel Ferrater o l'avinguda Carlos Barral.

Oferir-nos com a vigilants de nit a qualsevol empresa i comprovar la quantitat de llibres que podem llegir a la feina.

Mirar atentament una cadira asseguts sobre un aparell de televisió.

Omplir una habitació de pilotes de tennis, després estirar-nos i intentar dormir-hi al damunt.

Parlar amb les plantes i regar els amics dos o més cops per setmana.

Buscar un terrat ample, cobrir-lo amb tela asfàltica i omplir-lo de terra per plantar-hi un camp de blat. Llaurar-lo, segar-lo i batre'l allà mateix perquè els ocells puguin venir a dinar.

Muntar una parada de titelles al Mercat del Ninot.

Afegir a les nostres enciclopèdies unes planes amb la nostra vida. Després anar a les biblioteques i canviar els volums falsos pels bons. Apostar per quins seran, a la llarga, els apòcrifs i quins els autèntics.

Asseure'ns a una terrassa, demanar deu mil cafès amb llet i dir que ja passarà a pagar el senyor Guiness.

Jugar a tennis sense xarxa, a golf sense forats, a futbol sense porteries i sentir que l'important de l'esport no és guanyar sinó participar.

Anotar en una llibreta el nom de tota la gent que es diu d'esquerres i maltracta els cambrers dels restaurants.

Anar a la muntanya a collir pedres de diferents colors. Bullir-les i intentar trobar les diferències de gust que hi ha entre una sopa de marbre, un consomé de pissarra o una crema d'argila.

Enretirar totes les estàtues eqüestres dels carrers i places públiques i substituir-les per cavalls. O encara més econòmic: serrar l'heroi a l'alçada del melic.

Inventar pilotes cúbiques per evitar que la pilota surti fora del camp i rodoli fins al carrer.

Sortir a veure com ballen els gegants per tornar a ser petits amb relació a algú.

Dedicar una setmana a viure com els antics. No trucar per telèfon, anar a peu a tot arreu, dur una cantimplora d'aigua, no mirar la televisió i creure en els rumors. I quan passin els governants, dir que van despullats.

Observar com la pluja esborra les xarranques.

Visitar el notari, el jutge o l'assessor fiscal i, en comptes de deixar al penja-robes els abrics i les bufandes, penjar-hi roba interior picant i seductora per tal de fer creure a les visites que vénen darrere nostre que s'han equivocat de despatx.

Acolorir una radiografia.

Comprar una via de tren abandonada i fer-hi anar el tren de baixa velocitat. Demostrar d'aquesta manera que també s'arriba als llocs a poc a poc.

Havent dinat, demanar el llibre de reclamacions i llegir-ne un fragment a l'atzar.

Tancar els telèfons mòbils dins de gàbies d'ocells i deixar que truquin perquè una sola mala notícia podria espatllar les bones.

Posar nom a cadascuna de les plantes de casa i felicitar-les pel seu sant.

Cada vegada que mengem olives, conservar el pinyol i anar-los acumulant en un sac. Comprarnos un terreny i sembrar-hi oliveres per si en el futur ha de començar allà una nova passió.

❀

Paralitzar la cua de la finestreta del banc demanant petits traspassos de diners entre comptes corrents i llibretes d'estalvi. En acabar, dir que ho repassin, per si de cas.

Subscriure una assegurança climàtica que consideri una nevada la nit de Sant Joan. Pagar una prima petita i tenir una indemnització molt alta. Resar a santa Bàrbara i, si ens fa cas i neva, cobrar una milionada d'euros mentre esquiem.

Quan la màquina del tabac ens doni les gràcies, respondre «No es mereixen» i encetar una distesa conversa que bé pot acabar en amistat.

Proposar que, en acabar la Lliga, la gespa del Barça aculli els diumenges un gran Bingo, probablement l'única manera de poder dir que allà s'hi ha guanyat alguna cosa.

Dirigir el comandament a distància cap a un quadre de la sala i veure com, a mesura que premem el botó, van apareixent mirós, tàpies, velázquezs...

Posar una carta de pòquer agafada amb una pinça als radis d'una bicicleta i anar pels carrers fent soroll de moto.

Rumiar per què els metges, per aprendre el seu ofici, fan servir cadàvers i els polítics, en canvi, ho fan amb gent encara viva.

Fer règim a base de coses menudes: una truita d'un ou de guatlla, dues costelles de conill, una col de Brussel·les, una suprema de xanguet i un didal de cafè.

Tornar a veure *Casablanca* i imaginar que vivim una història d'amor amb la Bergman en blanc i negre.

Com que ja coneixem els tiets, cosins i cunyats, convocar una reunió amb tots els cosins segons i tercers i així viure el miratge de disposar d'una gran família.

Comprar una baralla nova perquè les cartes s'enganxen i cada dia costen més de barallar.

Escriure una carta de solidaritat a aquells que un dia ens van tractar amb desdeny i que ara es troben en un mal moment.

Entrar a una cabina fotogràfica i retratar-nos d'esquena.

Posar en un galliner quatre pilotes de golf, les boles blanques del billar, pilotetes de ping-pong i un ou. Esperar que arribi la gallina i triï què és el que ha de covar.

Substituir les bombetes de 100 w per altres de 25 i imaginar que vivim als anys 40.

Tallar les millors planes dels millors llibres que hem llegit. Relligar-les totes juntes i titular-lo «El llibre dels llibres».

Imaginar el mapamundi del segle XXII.

Anar al registre civil i anotar els noms de tots aquells que van néixer el mateix dia i el mateix any que nosaltres. Buscar-los i proposar-los fundar un club.

Matricular-nos de qualsevol cosa, no anar-hi mai i així recuperar la sensació de fer campana.

Gastar-nos els diners que ens queden per publicar un anunci als diaris amb el nostre nom i el nostre telèfon i aquesta frase de futbolista que diu: «Estic obert a tot.» I esperar que ens truquin.

Portar a emmarcar un mocador brut o el drap de la pols com si fos una obra d'art.

Anar a l'aeroport a donar veces als avions i anar a les places a oferir maletes als coloms.

Comprar-nos un puzzle de 10 000 peces, posar-ne cada dia una i, en acabar, comprar-nos com a premi un pastís amb 28 espelmes, els anys que hi hem invertit.

Decidir que ja no sabem res de res i començar de nou a aprendre-ho tot.

Comprar a les rebaixes roba que mai no ens posarem.

Anar a veure un espectacle de dansa amb sabates de ballarina als peus i anar a veure pel·lícules de guerra amb un casc.

Començar a explicar un acudit i, de cop i volta, fer veure que no sabem com continua.

❀

Cap a les nou del vespre, anar als caixers automàtics i deixar a terra una flassada, un coixí i un termo amb cafè amb llet calent per si de cas algun indigent vol refugiar-s'hi a passar la nit.

Fer metàfores: comparar els velers amb tovallons d'una taula parada.

Agafar uns quants rodets de fil de cosir i anar lligant els vaixells als molls.

Imaginar Pinochet escoltant un disc de Víctor Jara.

Fer un gratacels amb escuradents i, quan arribem a dalt de tot, encendre'l des de baix i cantar una oda amb lira com va fer Neró amb Roma.

Comprar un peix de colors i sortir a passejar-lo dins d'una bosseta de plàstic plena d'aigua.

Anar tot el dia amb un coixí a la cartera i anar fent becaines al taxi, al metro, a les sales d'espera. Després comptar els minuts que hem anat dormint, sumar-los i guanyar d'aquesta manera temps al temps.

Entrar a una botiga de souvenirs i interessar-nos pel preu d'un parell de banderilles.

✎

Anar a una estació d'esquí, vestir-nos amb pantalons curts i una samarreta, dur a la mà un paipai i per dinar demanar gaspatxo.

❀

Passejar pels mercats només perquè les venedores ens omplin de floretes.

Ensenyar a parlar un periquito i, quan en sàpiga, oferir-lo a les tertúlies radiofòniques per crear confusió.

Passar tot un any menjant una poma al dia i numerar-les. Després fer la crítica de la textura, olor, dolçor i plantar les llavors de la que més ens agradi.

Anar a la platja d'Empúries i deixar les ulleres i la tovallola damunt d'una de les pedres gregues i pensar que des de fa dos mil·lennis i mig algú va construir una ciutat només perquè algun dia hi poguéssim deixar la tovallola i les ulleres.

Esmerçar el nostre temps a canviar les hores dels rellotges oficials dels campanars, de tal manera que les campanes sonin de forma permanent i aleatòria i creure així que el temps passa volant.

Treure el televisor de la sala, posar-hi un teatret i demanar als nens petits de l'escala que ens facin el telenotícies.

Decidir-nos a viure tot un mes com vivien els nostres besavis, il·luminar-nos amb espelmes, anar a buscar aigua a la font, aprendre l'esperanto, dir-nos les coses de viva veu en comptes de fer-ho per telèfon, anar al confessionari en lloc d'anar al psiquiatra, demanar la mà als pares de les nòvies, parlar de revolucions i justícia social i recitar poemes i cantar amb els cors de Clavé.

Anar a la nit a escorcollar les escombraries dels veïns i rescatar allò que encara s'hauria pogut aprofitar. L'endemà anar per les cases amb el que hem trobat i dir-los que són uns malgastadors.

Comprar un paquet d'ampolles d'aigua mineral i anar a un embassament afectat per la sequera i augmentar d'aquesta manera el nivell de l'aigua.

❀

Agafar una gàbia de coloms i fer-los volar mentre diem en veu alta els desitjos que mai no es compliran.

Posar monedes de Franco a la via del tren i veure com la història acaba sent esclafada per la velocitat.

Contestar totes les cartes comercials que ens arriben a la bústia com si realment fossin cartes personals i dir-los que gràcies per la seva amabilitat i que records als nens però que l'oferta ara per ara no ens interessa.

Fer lleis al menjador de casa i vendre-les als partits mandrosos perquè les portin al Parlament. Si ens en demanen més, oferir descomptes.

Jugar a fer d'argentí. Treure els diners del banc i tancar-los al corral. Treure les gallines del corral i posar-les a la cambra cuirassada dels bancs.

Buscar una fotografia antiga de l'avi o l'àvia que més se'ns assembli de quan tenia la mateixa edat que ara tenim. Després anar a fer-nos el DNI amb aquesta foto i tenir la sensació que hem ressuscitat els nostres avantpassats.

Ensenyar als nens objectes antics que mai no han conegut: discos de vinil, molinets de cafè, ràdios de galena, llibres...

Seguir la pista dels que van ser els nostres mestres quan érem petits. Un cop els haguem trobat, anar-los a veure amb una llibreta dient-los que ens disculpin però que durant tots aquests anys no hem tingut temps d'acabar els deures.

Fer bombolles de sabó des del balcó i comprovar quanta gent seriosa i encorbatada es resisteix a jugar-hi, a fer-les volar més amunt o, simplement, a fer-les esclatar.

Aprendre a girar la truita fent-la volar amb tres o quatre salts mortals damunt la paella. Quan ja ens haguem entrenat prou, demanar a un paleta que ens faci una cuina nova.

Si mai no hem tingut problemes amb els veïns de casa, enviar-los una carta i proposar-los una festa, encara que només sigui per trobar-se quan les coses van bé i no quan van malament.

Plantar una sequoia en un parc públic, esperar que un dia creixi i faci ombra a les cases dels costats.

Anar a la farmàcia i preguntar què tenen de nou. Després, quan arribin els amics a casa, oferir-los una panera amb totes les píndoles, gotes i altres medicaments perfectament ordenats com si fossin una safata de bombons o una cistella de fruites.

Anar per les carreteres de nit i carregar sacs de boira. Deixar-les al rebedor de casa i, quan hàgim de marxar, obrir la porta i deixar que s'escampi.

Anar al zoològic a parlar amb els animals que acaben d'arribar, explicar-los com són les ciutats i els costums del país i així, d'aquí a un temps, concedir-los la nacionalitat.

Regar lliris amb xampany francès i veure com van creixent torts i vacil·lants però enormement contents.

Comprar moltes, però moltes, ampolles de sals de fruita i guardar-les al lloc on normalment hi guardem les begudes alcohòliques com a avís de com acaben les coses de la beguda.

Canviar el timbre del telèfon per un sac de rialles i dir als amics que ens truquin per posar-nos de bon humor.

Numerar els ous a l'atzar i després fer-nos una truita jugant al bingo.

Passar-nos el dia comptant la gent que passa pel pas de vianants. L'endemà tornar-hi. Fer comptes. I si n'hi ha menys que el dia anterior, anar-los a buscar.

Anar a veure totes les àvies de les residències i escriure'ls cartes d'amor antigues.

Escriure una carta a tots els autors dient que no hem acabat d'entendre la seva obra i que facin el favor d'explicar-nos-la.

Provar de viure en una casa dividida. Posar una cinta a terra i dir a la nostra parella que això meu i allò teu. Aprendre a negociar i calcular el dia en què cauran les barreres.

Mirar qui creiem que som a la nostra targeta de visita.

Adquirir un gran ram de flors i esperar a qualsevol cantonada una noia que mai no arribarà.

Comprar una amarra a qualsevol port de mar i, amb una corda de violí, lligar-hi un barquet de paper.

Trencar un got de vidre i amb l'ajuda d'un pot de pega fer un puzle en tres dimensions procurant no tallar-nos.

Comprar diverses banderes, posar-les en lleixiu i imaginar un món en pau.

Anar a confessar-nos d'inexperiència pels pecats que encara no hem comès.

Anar a passar la tarda a qualsevol barri perifèric, asseure'ns a un cafè i escriure postals als amics.

A la taquilla del metro, demanar un bitllet per a la fi del món.

Comptar les dotzenes d'irresponsables que actualment ocupen càrrecs de responsabilitat. Un cop comptats, anar a la taquilla del metro i demanar un bitllet per a la fi del món.

Esperar a les andanes tots els trens que hem perdut.

Convidar un camaleó a passejar per sobre d'una caixa de llapis de colors.

Mirar com es fon un gelat de maduixa escoltant una Gymnopédie d'Erik Satie.

Comprar el Libération, un paquet de Gitanes, una baguette, posar cara d'existencialista i jugar a ser francesos.

Substituir en un mapamundi els noms de les ciutats pels noms de les persones que hi hem estimat.

Comprar un paquet de kleenex i arrencar a plorar.

Demanar per Internet una tasseta d'oli a la veïna del replà.

Escriure'ns cartes a nosaltres mateixos, llançar-les a la mateixa hora en diferents bústies i fer apostes sobre quina serà la primera a arribar.

Anar a una llibreria i llegir-hi la primera plana d'un llibre; a una segona llibreria la segona plana i així successivament. (En acabar la novel·la comprovar que en el record de la lectura es barreja la vida dels personatges amb la nostra.)

Llegir el resum bancari mensual de la nostra targeta de crèdit com a recordatori dels plaers més recents.

Marcar el número de telèfon de la casa on vam viure de petits. Si s'hi posen els nostres pares, dir que no vindrem a dormir; si sentim la nostra pròpia veu, penjar sense donar cap mena d'explicació.

A les estacions de tren, teixir i desteixir jerseiets esperant un Ulisses que ens està creixent dins del ventre.

Escriure «excel·lentíssim» amb minúscula i «Microbi» amb majúscula.

Posar-nos dues corbates, l'una sobre l'altra, procurant que els colors lliguin.

Agafar un paper en blanc. Amb l'ajuda d'un llapis, omplir-lo de negre. Després, escriure amb una goma d'esborrar.

Somiar que la nostra parella ens fa el salt amb el nostre millor amic. Despertar-nos sobtadament, abraçar-nos a ella per conjurar el somni, sentir com truquen a la porta, anar a obrir i comprovar que és el nostre millor amic amb croissants calents i els diaris del dia.

Sortir a passejar vestits de monjo per comprovar que no és l'hàbit qui el fa, però que la gent ens respecta.

Llogar una avioneta i decorar amb fulles seques la incipient primavera de la nostra ciutat.

Sortir de l'armari.

Aturar un taxi i dir que ens porti a Ítaca procurant fer tanta volta com pugui.

Passejar pels mercats amb els ulls embenats, guiant-nos només per les olors de les parades.

Llegir el Nou Testament a la barra d'un bar de senyoretes.

Demanar-nos per què als anuncis tots els rellotges sempre marquen les deu i deu.

Humitejar la sorra dels rellotges perquè el temps no passi tan de pressa.

Entrar a una botiga d'animals domèstics i demanar què ens costaria una amnistia general.

Comprar-nos una camisa de quadres, numerar-los i demanar a la parella o a una persona de confiança que ens rasqui la zona compresa entre el 210 i el 216.

Ajudar les jovenetes —per què no?— a creuar el carrer.

Anar a una agència de viatges i demanar un bitllet per anar a l'altra banda de nosaltres mateixos.

Pactar amb la taquillera què ens costarà l'entrada del cinema tenint en compte les nostres diòptries.

Comprovar que si la Terra gira és gràcies a l'impuls de les passes de la gent que camina.

Entrar a una rotllana de sardana vestit de submarinista.

Aprendre a llegir l'arribada de les estacions pels diferents cants dels ocells.

Fotocopiar un full en blanc.

Fixar-nos si els gossos, quan borden, fan «bub» o «guau». Estudiar una possibilitat d'immersió lingüística per a gossos forans.

Pescar sense ham ni esquer, només pel plaer de mirar el mar.

Escriure l'autobiografia de la vida que hauríem volgut viure.

Omplir —qui en tingui— els dipòsits d'aigua del terrat d'anilines de colors. Després, dutxar-nos amb aigua blava o preparar un esplèndid arròs rosa.

Imaginar-nos nosaltres mateixos vells i bruts demanant caritat i passar de llarg perquè no portem canvi.

Quan ens tallin l'aigua, eixugar-nos amb tovalloles humides.

Ensenyar a sumar comptant les onades que arriben a la platja i a restar amb les que se'n van.

Fer-nos imprimir samarretes amb l'ecografia de fill que duem al ventre, com si carn i pell fossin de vidre.

Comprovar que els nens caminen per sota del vent, que no cal patir per les coses fràgils.

Gravar a l'escorça d'un arbre un cor travessat per una sageta, unes inicials i la data 1643. Esperar que la gent s'hi aturi i pensi que tot plegat ve de molt lluny o bé intentar vendre-li l'arbre a un antiquari.

Interpel·lar en veu alta la gent que ens parla des de la televisió.

Posar el xampú al pot de la salsa de tomàquet, la pasta de dents al pot de la maionesa i reinventar la nouvelle cuisine.

Plantar-nos davant d'un aparador i oferir un ram de flors artificials a una maniquí de cartró pedra.

Encarregar a un joier un no me olvides amb qualsevol nom femení. Després, fer-nos tatuar aquest mateix nom al pit i lluir-lo orgullós.

Néixer un 29 de febrer i morir de vell als vint-i-pocs.

Comprovar que l'herba acabada de tallar fa olor de segle XVIII.

Fer-nos un tallet al dit i amb la sang que en brolli carregar l'estilogràfica i intentar escriure unes quantes paraules de debò.

Escriure sobre un cartró «Pintat de Nou», posarlo sobre un banc públic, asseure'ns-hi i disfrutar del somriure de la gent que passa per davant nostre.

Anar a la comissaria i denunciar que algú ens ha robat els somnis.

Demanar filet d'unicorn o costella de centaure a la carnisseria; a la peixateria, una cua de sirena sense espina.

Connectar el contestador quan som a casa i apagar-lo quan sortim.

Comprar-nos unes ulleres de lluna.

No mentir dient que hem llegit un llibre. Recordar que tots els llibres no llegits són obra del mateix autor.

Anar a ca'l barber amb una barba postissa.

Omplir-nos els llavis de paraules italianes (Portofino, Arezzo, Trastevere, Stromboli...) i observar que, com els caramels, es van fonent lentament a la boca.

Reflexionar perquè en diem «tauleta de nit» i com n'hi deuen dir els que dormen de dia.

Escriure un llibre de memòries als 15 anys; omplir papers amb guixots als 90.

Tacar un mocador de tinta negra, carregar amb llàgrimes l'estilogràfica.

Anar a un ball de carnestoltes disfressats de nosaltres mateixos. A mitjanit, treure'ns la careta i encetar una nova vida.

Practicar l'halterofília amb bombolles de sabó.

Obrir la guia telefònica d'algun país llunyà, triar un nom a l'atzar i fer testament deixant-li totes les nostres pertinences.

Buscar al diccionari el significat de la paraula «diccionari».

Resseguir amb els ulls tancats un mapamundi amb les puntes dels dits.

Parlar als nens de «vostè» i tutejar els reis i prínceps.

Observar, quan cau la tarda, com es van encenent els llums de totes les presons.

Provar de fer la «i» amb un got.

Recollir l'aigua de neu de gener per beure-la en gots d'orxata durant els mesos d'estiu.

Substituir el vidre de la pantalla del televisor per un mirall i fixar-nos en la cara que fem quan la mirem.

Observar atentament com s'asseca una paret pintada de nou.

Fer faldilletes amb la pell del plàtan, llargues espirals amb pomes i taronges i arracades amb cireres.

Encarregar cartells de gran mida amb la nostra fotografia, distribuir-los pels pirulís de la ciutat i esperar que la gent es giri quan passem pel seu costat.

Beure aigua a les fonts públiques, asseure'ns als bancs públics, estimar les dones públiques.

Agafar avions en dies de pluja per no perdre el sol de vista.

❀

Ferrar un ou, fregir un cavall.

Comprovar que un amor que mor pot ser tan bell com un amor que neix.

Apostar un dècim de loteria a una taula de black-jack.

No decebre'ns quan la noia de la cabellera rossa, en girar-se, no és tan bonica com l'havíem imaginada.

Escriure amb l'ungla sobre la pissarra la paraula «angúnia».

Demanar a una llibreria de vell una agenda de 1968.

Eliminar del nostre vocabulari la paraula «tolerància», ja que només qui prohibeix pot tolerar.

No eixugar-nos els ulls dissimuladament quan s'obrin els llums del cinema. Sortir al vestíbul, orgullosos, exhibint les llàgrimes que la pel·lícula ens ha fet vessar.

Quan entrem a l'ascensor, donar la mà a tothom i presentar-nos.

Negar-nos a conèixer més gent i estimar amb més intensitat els amics que ja tenim.

Treure a ballar les noies més lletges.

Guardar l'avet de Nadal a les golfes i cremar-lo per Sant Joan.

Deixar que se'ns cremin les croquetes i trucar reservant taula a un gran restaurant.

Comprar tres agendes: l'una pels amics, l'altra pels coneguts i la tercera per la gent que encara ha d'arribar a la nostra vida.

Anar a un taxidermista a fer-nos immortalitzar abans de morir.

No comprar cap llibre nou fins haver llegit tots els que tenim a casa.

Inventar-nos un nom d'escriptor, demanar als coneguts si algú n'ha llegit alguna cosa i a qui digui que sí retirar-li la paraula, per burro.

Tornar a l'hotel on vam fer l'amor per primer cop a recuperar les hores de son que aleshores vam perdre.

❀

Demanar en un sex-shop una capsa de petons.

Celebrar la vida fent l'amor al llit d'un hospital.

Publicar en portada dels diaris els noms dels nascuts aquell dia, no la mort dels il·lustres.

Comptar en unces, mitges lliures, terces, petricons, xicres i dotzenes.

Recórrer totes les perfumeries fins a retrobar l'olor d'aquella noia.

Omplir la peixera de llapis de colors.

Posar els nostres peus a dins de les petjades a la sorra de les platges perquè el vent no les esborri.

Acaronar el cap dels nens i després olorar-nos les mans.

Quan parlem d'Hiroshima no oblidar Nagasaki.

Calçar-nos un parell de sabates del 56 i que ens ballin, com quan de petits ens posàvem les del pare.

No impacientar-nos quan una persona d'edat passa més temps del compte a la finestreta del banc.

Anar pel carrer amb un cap gros de cartró i intentar pujar als autobusos, al metro o al taxi sense perdre'l.

Desconfiar dels dependents de les botigues de roba quan diguin que aquell vestit ens cau tan i tan bé, que aquest any les coses es porten amples.

Passar de la Lliga i anar a veure partits als patis d'escola.

Comprar tot allò que ens proposen per la tele per ser tan feliços com aquella gent que ho anuncia.

Entrar en moto a un túnel de rentat i enmig del xàfec posar-nos a cantar, desafinant tant com puguem, una cançó que ens emocioni.

Anar als bressols de les clíniques a retre homenatge als futurs governants.

No dir mai més «arbre»: dir «roure», «salze», «eucaliptus»…

❀

Renunciar a tot allò que havíem cregut, admetre que anàvem equivocats i celebrar un petit funeral per nosaltres mateixos.

Dibuixar-nos amb bolígraf un rellotge al canell i comprovar que cada cop que el mirem és una mica més d'hora.

Convocar un premi per a presentadors de ràdio o televisió i que el guanyi un novel·lista.

Creure en els rumors, desconfiar de les notícies.

Substituir les agulles dels rellotges per tiges de rosa: la Rosa dels Temps.

Dur a la pràctica aquell experiment d'anivellar una balança amb un quilo de plom i un quilo de plomes.

Esfullar unes quantes roses, posar els pètals en un cabàs dalt de la porta i dedicar-nos una rebuda imperial quan tornem de la feina.

Comprar un parell de dotzenes de ràdios i engegar-les totes a l'hora dels informatius i en emissores diferents. Asseure'ns i intentar esbrinar què passa al món.

Anar a un restaurant i dir al cambrer que som dos. Convidar a seure a la nostra taula el primer client solitari que entri.

Aprofitar la mitja part dels partits de futbol per divertir-nos una mica fent baixar el públic a la gespa mentre els jugadors juguen a la graderia.

Vestir-nos de flamencs i anar a ballar sardanes als carrers.

Si us dieu Mercè, anar a la porta de les presons i oferir-vos per ocupar, per un dia, el lloc d'un pres.

Penjar del rebost tomàquets, raïms i botifarres i anar-los a veure cada dia per comprovar com el temps dóna un gust diferent a les coses conegudes.

Anar a un quiosc i comprar diaris escrits en àrab. Després instal·lar-nos ostensiblement en un cafè elegant i fer veure que llegim amb cara de preocupats.

Plantar llavors de trèvol al balcó i esperar que ens en creixi un de quatre fulles per anar a comprar loteria de Nadal.

Si no teniu res a fer, anar al registre civil i demanar amb discreció la partida de naixement de Bin Laden, no fos cas que l'home més buscat del món fos català.

Donar menjar als ocells, i aconseguir amb el temps que els coloms mengin a la dreta i els pardals ho facin a l'esquerra.

Anar a la perruqueria de senyores i recollir un floc de cabells rossos. Col·locar-lo a l'interior d'un llibre i d'aquí a un temps imaginar-nos una noia que mai no va existir.

Comprar una dotzena de canaris i entrenar-los perquè cantin al festival d'Eurovisió en la categoria de corals.

Sortir al carrer en patinet amb casc de moto i cara de velocitat.

Donar-nos el gust de comprar totes les entrades d'un teatre per veure la cara del protagonista adreçant-se a una platea gairebé buida.

Aprendre'ns de memòria el mapa de les constel·lacions i, de tant en tant, com fan els pastors amb el ramat, comptar-les, per si en falta alguna.

Dedicar un dia a l'atzar. Anar a l'estació i agafar un tren que no sabem on va. Baixar a l'última parada i allà agafar un autobús fins al final. Caminar a cegues fins arribar a la que serà per sempre casa nostra.

Fer-nos socis un sol dia del Cercle del Liceu, del Cercle d'Economia, del Barça, del Club de Polo i de la confraria del cava i d'aquí a cinc anys aspirar a ser president de qualsevol consell d'administració.

Fregar el terra i posar-hi fulls de diaris endarrerits. Entretenir-nos a cada plana i comprovar que encara no fa gaire el món es trobava molt millor.

Tancar-nos en una habitació completament fosca armats únicament amb una llanterna. Encendre-la de tant en tant i fer que ens vagi agafant por.

❀

Comprar olives crues i amb l'ajut d'un morter, fer-nos l'oli a casa, a poc a poc.

Agafar les burilles de tots els cendrers i portar-les a un lloc on no es pugui fumar. Esperar a veure què passa.

Ara que els que viatgen en avió tenen més por que abans, anar als aeroroports i abraçar els desconeguts que arriben, preguntar-los si han tingut un bon viatge i oferir-los la nostra amistat.

Penjar raïms dels pomers i préssecs dels ceps.

Comprar llavors de soja, plantar-les i escoltar el soroll que fan quan germinen i creixen.

Aprofitar la foscor de la nit per canviar els vidres de colors dels semàfors: que el verd sigui lila, que el groc sigui blau cel i que el vermell sigui de color rosa.

Anar a una joieria correctament vestits i demanar un collaret de perles. Davant la mirada del joier, agafar el collaret, ensumar-lo i dir que estem comprovant si encara queda l'aroma de les ostres.

Passar-nos el dia fent avions de paper i quan sigui de nit bombardejar els gats dels patis interiors amb caps de sardines.

Anar a restaurants de luxe i demanar que ens portin el vi amb porró i l'aigua amb càntir.

Agafar una capsa de llapis de colors i trinxar-los en una màquina de fer serradures. Després fer servir la pols per pintar postes de sol a l'atzar.

Anar amb un amic a una discoteca i passar-nos la nit descabdellant troques de llana, un amb els braços oberts i l'altre fent cabdells rodons.

Comprar castanyes i torrar-les a la cuina de casa per tal de perfumar el veïnat i cridar l'hivern.

Anar a l'entrada de les escoles amb una pinta i un flascó de lavanda i pentinar els nens que s'han llevat amb el temps just.

Construir castells de neu a les pistes d'esquí i ninots de sorra a la platja.

Anar al zoològic cada dia durant un mes. Mirar de comunicar-nos telepàticament amb mandrils, dofins i elefants. Comprovar si, quan marxem, els sap greu quedar-se sols.

Dibuixar un segell fals amb el nostre retrat i el preu en euros. Enganxar-lo a un sobre i esperar la carta.

Per honorar una avioneta que un dia es va perdre camí d'Orà, llegir una altra vegada *Vol de nuit*, d'Antoine de Saint-Exupéry.

Per commemorar el dia de la hispanitat, posar-nos turbants i gel·labes, xadors i babutxes i passejar-nos pel carrer només per dur la contrària.

Comprar molts i molts globus i tancar-los en una habitació de casa. Després entrar-hi amb un vestit de punxes i experimentar la sensació d'un bombardeig nocturn.

Anar a passar una horeta a una de les places de pàrquing més cares que han instal·lat a Barcelona. Posar-hi una catifa vermella i convidar a xampany els vigilants.

Trobar onze companys aficionats al futbol i jugar un partit amb la pilota desinflada.

Anar a la plaça i comprar uns escamarlans que encara es moguin. Dur-los a casa, fer-los la respiració artificial i posar-los en una peixera com a agraïts animals de companyia.

Anar al dentista quan res no ens fa mal i passar-nos la tarda a la sala d'espera donant ànims i coratge als pacients.

Instal·lar-nos a la riba del mar amb una canya de pescar i una galleda plena de truites de riu i esperar que algú s'adoni de la incongruència.

Fer un foradet a una canonada d'aigua i deixar que vagi caient una gota de tant en tant. Posar-hi una galleda fins que s'ompli i comptar el temps per galledes. Dir que vindré a la quarta galleda i quart, o que fa dues galledes que no dormo.

Fer servir el forn domèstic per coure-hi maons i teules i fer-te a poc a poc la casa dels teus somnis.

Agafar monedes de pesseta, posar-les en un cofre i enterrar-les en un hort com si fos un tresor per a les generacions futures.

Aprofitar la pluja matinera, pujar al terrat i estirar-nos panxa enlaire fins a creure que som en un prat de gespa verda.

Agafar una fila de llaunes de conserva buides, lligar-la al para-xocs posterior d'un cotxe qualsevol. Guarnir antenes i rodes amb llaços de tul i quan arribi el propietari llançar-li arròs i cridar visca els nuvis.

Anar al zoo i llegir al Floquet de Neu els diaris del dia. Preguntar-li què opina del debat dels seus veïns del Parlament de Catalunya. Si demostra interès, oferir-li una invitació per a la tribuna de públic.

Comprar un ram de semprevives i comprovar que efectivament fan honor al seu nom i les podem posar a les taules amb tota garantia.

Comprar cucs de seda i alimentar-los amb fulles de morera. Després fer-ne fil de seda per si algun dia hem de teixir-nos la mortalla.

Organitzar campionats mundials d'aquests jocs: eliminatòries de la xarranca, l'open de bitlles o el trofeu internacional de bales i patacons.

De la mateixa manera que numerem les carreteres, posar lletres i xifres per tota la casa i així, en comptes de dir «vés a la nevera i porta'm un got de llet», dir «vés a la F-8, agafa una tassa del pot sub12 i porta-me-la a la T-4 cadira 3».

Omplir la casa de grills i ensinistrar-los fins que cantin tots alhora i al mateix compàs.

Omplir la banyera de llet tèbia i sentir-nos durant una estona la reina Cleopatra.

Canviar de lloc els tipus dels teclats i escriure com ho fem normalment. Després donar els fulls a un traductor intuïtiu perquè desvetlli l'enigma.

Comprometre'ns a ser l'últim client del bar i el primer a arribar-hi quan obrin les portes.

Proposar-nos un campionat de son i competir per veure qui dels concursants aconsegueix somiar coses més estranyes.

Aprendre a pelar patates amb els peus i a caminar amb les mans, i patentar el mètode com a forma d'aprimar-nos.

Col·locar damunt la llinda de la porta una galleda plena de pètals de rosa i invitar la persona estimada a entrar abans que nosaltres.

Estendre els abrics de l'hivern al balcó, no fos cas que de sobte arribés el fred i anéssim pel món fent olor de naftalina.

Per si continua aquest estiuet, celebrar la castanyada a la platja i en comptes de castanyes i moniatos celebrar-ho amb granissat de síndria i fruita fresca.

Caçar les últimes mosques de l'any i tancar-les en una mosquera ben calenta. Alimentar-les amb aigua ensucrada i deixalles de les escombraries i batejar-les amb un nom com si fossin de la família fins a alliberar-les quan torni a venir el temps de les mosques.

Aprofitant que arriba Tots Sants i hem d'anar a visitar els morts, agafar un avió fins a Egipte i dipositar un ram de flors als peus d'una mòmia d'algun faraó.

Treure els cordons de totes les sabates. Posar-los un darrere l'altre i sorprendre'ns dels metres lineals que tenim a casa.

Agafar els mapamundis i les boles del món, posar-los a l'inrevés, amb el sud allà on és el nord i creure'ns que vivim a São Paulo.

Amuntegar moltes ampolles buides de cava a la porta de casa i deixar que els veïns es morin d'enveja.

Muntar un corral de reproducció de cigonyes. Després, quan siguin grans, vendre-les als tocoginecòlegs com a animals de companyia.

Llevar-nos a l'hora habitual, sortir al balcó, estirar-nos ostentosament i tornar a dormir perquè és festa.

Llogar entre uns quants amics l'Estadi Olímpic i organitzar damunt la gespa un espectacular campionat de petanca.

Comprar un bombo amb boletes, fer-lo girar fins a compondre un número de cinc xifres. Després anar a les administracions de loteria i quedar-nos amb tots els dècims d'aquell número.

El dia de difunts escriure cartes de reconciliació amb tots aquells amics i parents de qui un dia vam dir allò tan lleig: com si per nosaltres s'haguessin mort.

❀

Encendre estufes i posar llums vermells a tota la casa. Quan creiem que som a l'infern, dedicar-nos a pecar amb tota tranquil·litat.

Anar al cinema a dormir i passar-nos la nit al llit mirant pel·lícules de vídeo.

Passar una setmana menjant pastanagues, que van bé per a la vista. Després pujar a una muntanya i mirar cap al sud-est a veure si veiem Mallorca.

Posar-nos ben guapos i asseure'ns darrere una taula i davant d'una càmera de vídeo. Passar-nos una mitja hora dient les notícies que ens agradaria escoltar. Després, a l'hora del telenotícies, mirar-nos atentament amb un somriure.

Buidar la nevera d'aliments i omplir-la de medecines, xarops i pastilles. Després convidar els amics i dir-los que se serveixin el que vulguin perquè fan molt mala cara.

Comprar tinta de molts colors i escriure cartes amb textos incomprensibles, però això sí: ben bonics.

Quan s'acosti el fred, comprar unes quantes tones de blocs de gel i construir un iglú a les muntanyes. Després esperar que nevi i fer-nos petons amb el nas sota pells de foca.

Anar a la redacció d'un diari i comprar exemplars endarrerits però encara per estrenar. Després deixar-los al replà de les cases i crear confusió.

Omplir la rentadora amb tres o quatre paquets de sabó, posar-la en marxa i anar-nos-en. Després tornar amb una colla d'amics i jugar a fet i amagar entre l'escuma que envaeix totes les habitacions.

Anar a una església i dipositar un bitllet de 500 euros en una de les guardioles per a almoines. Després, seguir el capellà i veure com els administra.

Anar al cinema amb els ulls embenats a veure pel·lícules d'actors desconeguts. Imaginar-nos les seves cares a través de la veu i al final de la pel·lícula comprovar quantes n'havíem encertat.

Anar a la platja i agafar un parell de galledes de la poca sorra que queda. D'aquí a uns mesos, treure-la i escampar-la a prop del mar per poder-hi posar la tovallola al damunt.

Enviar als amics cartes sense segells a fora però amb molts segells a dins. D'aquesta manera premiarem la curiositat i la confiança.

Trucar a un telèfon a l'atzar. Deixar l'encàrrec que ens truquin a un altre número inventat i així tenir la consciència d'estar creant una xarxa d'amics.

Anar a les platges devastades, recollir les restes del temporal i fer un museu de les glòries de l'estiu.

Aprofitar una vaga d'estudiants universitaris per anar a passejar per les aules buides i per donar lliçons magistrals sobre la nostra vida a un auditori de cadires.

Fer-nos una fotografia i enganxar-la pels carrers dient que hem desaparegut i que se'ns busca. Quan algú ens trobi, convidar-lo a sopar.

✎

Penjar una hamaca a la sala d'estar i aprendre a adormir-nos gronxant-nos, fent la pipa i amb una bonica cançó de bressol com a música de fons.

❀

Treure la terra dels testos de les plantes i omplir-los de cafè. Després, quan les reguem, aprofitar l'aigua que s'escorre i omplir les tasses.

Lligar totes les corbates una darrere l'altra i fer garlandes de festa per penjar-les a l'oficina el dia que decidim plegar.

Esperar a la porta d'un parvulari on les mestres treguin a passejar els nens amb una cordeta. Posar-nos una bata i intentar mirar la ciutat amb la mateixa sorpresa de quan teníem quatre anys.

Canviar els rètols dels timbres dels porters automàtics i d'aquesta manera anar-nos fent amics dels amics dels nostres veïns.

Muntar una altra vegada el tren elèctric de quan érem petits i jugar a simular temporals. Regar les vies amb una regadora, omplir les vies de sorra i acceptar els retards amb resignació.

Posar-nos d'acord amb una colla de nois de vint anys per anar a la discoteca acompanyats d'avis i àvies per ballar amb ells i, naturalment, crear confusió.

Experimentar i barrejar coses que mai no havien coexistit. Per exemple, un entrepà de iogurt, una motocicleta amb vela i un globus de plom.

Marcar en un mapa de la ciutat els llocs on ens hem fet petons de veritat.

Anar a un bar amb una amiga i insultar-la amb paraules cada vegada més fortes i veu més alta només per comprovar si encara hi ha cavallers disposats a defensar una dona d'un energumen.

Posar-nos un barret texà i anar a treballar dalt d'un cavall. Un cop a la feina, lligar-lo a un arbre.

Anar pels carrers vestits de nuvi i de núvia, mirant el rellotge com si féssim tard a una nova vida.

Tancar un ratpenat en una gàbia, maquillar-nos amb una crema pàl·lida, vestir-nos amb una capa vermella i convidar a sopar una senyora valenta.

Posar una carta repetida als jocs de cartes dels casinos i asseure'ns a jugar al pòquer a veure què passa.

Atipar-nos d'olives de tots colors. Després anar a dormir amb una ampolla per calmar la set i comprovar si efectivament les olives fan somiar.

Muntar un bar especialitzat en medicaments i còctels energètics per tal que els esportistes retirats puguin batre els seus rècords il·legals.

Anar de nit a un camp de golf i fer els forats més profunds perquè la pilota es perdi fins a les profunditats de la terra.

Buscar en un atles els topònims que tinguin noms de colors: les muntanyes Blaves, el riu Groc, les illes de Cap Verd, el Montblanc, la Selva Negra, la plaça Roja, el llac Rosa i passejar-nos-hi com qui neda en una capsa d'aquarel·les.

Anar als cementiris, mirar les fotografies dels nínxols i imaginar vides que desconeixem.

Passar comptes amb nosaltres mateixos. Calcular tot el que hem gastat per arribar fins aquí. Tant de bolquers, tant d'escoles, tant de tabac, tant de rams de flors, tant de pastissos de noces, tant d'assegurances de vida. Fer la suma, treure comptes de quina és la inversió que hem fet per a arribar a ser nosaltres mateixos. Després posar-nos a la venda a veure qui ens compra.

En comptes de comprar un avet, comprar un cactus i guarnir-lo amb cintes i boles per un Nadal tropical.

Avui comprometre'ns a no dir res. Simplement, escoltar i aprendre el que ens diuen sempre que valgui la pena.

Muntar, a casa, una granja de puces i després destinar-les a diferents llocs en funció de les seves habilitats. Posar-les a un cinema acabat d'estrenar o a un avió que vagi als Estats Units o potser muntar un circ i guanyar-nos la vida per les fires.

Ara que hi ha tantes guerres, fer les paus amb tothom amb qui estiguem ofesos.

Comprar 365 parells de mitjons. En comptes de rentar-los, llençar-los a la paperera i estrenar-ne un parell cada dia durant tot l'any.

A les oficines, als grans magatzems, a les voreres i a les cases de famílies nombroses, pintar una línia contínua groga a terra i que cadascú vagi pel seu carril.

Plantar una atzavara en un lloc assolellat i anar a veure-la cada any fins que surti la tija central amb la flor que indica que és a punt de morir.

Demanar a la dona que estimem la seva bufanda i dur-la penjada al nostre coll tot l'hivern només per sentir-ne la seva olor durant el dia.

Comprar entre molts amics molts bitllets d'avió, tots amb el mateix nom. Després anar pujant a l'aparell i comprovar quant triguen els de la companyia a advertir que estan deixant entrar sempre la mateixa persona.

Fer poemes ni molt bons ni molt dolents i enviar-los a la fornera, a l'empleada de La Caixa, a la senyora de fer feines. Mesos més tard, fer-nos els trobadors i recitar un parell de versos per comprovar si se'l van aprendre de memòria.

Encarregar una làpida amb un nom imaginari i plantar-la a la gespa d'un parc públic. Després anar-hi sovint, dipositar-hi rams de flors fresques i a veure quant dura la broma.

Entrar al primer metro del matí i no baixar del vagó fins que sigui de nit. Després comprovar les moltes coses que s'aprenen sota terra.

Comprar una dotzena d'hàmsters. Col·locar-los al menjador dins d'una capsa de cartró i deixar que vagin rosegant la capsa i que fugin per tota la casa. Després jugar a ser consellers de justícia i anar-los capturant un a un.

Ara que ja no es porta, enviar *christmas* d'aquells d'en Ferrándiz i signar-los amb el nom de persones estimades que van morir fa temps.

Anar a una joguineria a comprar tancs en miniatura, soldats de plom i cases en runes i disposar-nos a muntar el pessebre convenientment actualitzat.

Canviar el tabac de l'interior de les cigarretes per serradures. Després barrejar-les amb les cigarretes normals i fer que l'atzar ens vagi apartant del vici de fumar.

Anar a una illa deserta i, un cop allà, entristir-nos perquè amb la nostra arribada ja no podem dir que és una illa deserta.

Anar a una granja propera a la zona de la pesta porcina i adoptar un porquet, dur-lo a casa, rentar-lo a consciència, posar-li un collaret amb un picarol i treure'l a passejar amb la sensació d'haver-li donat una segona oportunitat.

Convidar a la festa de primer d'any a tota aquella gent que ens ha ajudat a arribar fins avui: pares, mestres, exnòvies, sergent de la mili, delegats de La Caixa i inspectors d'Hisenda. Un cop reunits, donar-los les gràcies pels serveis prestats.

A la nit, posar-nos a dormir a terra, com els gossos. Quan ens despertin el fred i la duresa de les rajoles, anar tremolant fins al llit que algú ens ha escalfat i sentir com ens creix una intensa felicitat de supervivent.

Anar a l'enterrament de difunts que no coneixem i començar a conèixer-los en les converses dels amics i coneguts que han anat a acomiadar-los. Quan tornem cap a casa, començar-los a enyorar.

Comprar molts despertadors de tonalitats diferents i posar-los a l'hora de despertar de tal manera que fins i tot en el moment més trist del dia siguin un prodigi d'harmonia i de polifonia rellotgera.

Agafar gran quantitat de glaçons d'aquests que venen a les gasolineres. Passar-los per la picadora i amb la neu ser precursors i fer un ninot davant de casa hores abans que es posi a nevar.

Encarregar pel dia de Nadal una taula familiar a una hamburgueseria o a un bar i allà entaular-nos el temps que faci falta per fer companyia als empleats.

Comprar un d'aquests globus de colors que es donen als nens, omplir-lo d'aigua i en comptes d'enlairar-lo, arrossegar-lo amb un fil per terra com si fos un gosset.

Fer una paella quadrada, jugar a un billar rodó i estimar en triangle.

Llogar un ase, una vaca florida i demanar a qui en tingui el seu nen petit; després vestir-nos de sant Josep i Verge Maria i anar als hotels de quatre estrelles demanant si tenen alguna habitació lliure.

🌡

En comptes de guarnir un avet com fem cada any, guarnir amb flors i bombetes altres arbres com l'atzavara, els cactus, els joncs, l'argelaga, els esbarzers, les escaroles.

👍

Sortir al carrer amb un cartell demanant que algú ens convidi a dinar. Quan algú ho faci, deixar anar una llàgrima i començar a creure que no vivim al país on crèiem viure.

♡

Fer les maletes, deixar notes tranquil·litzadores als amics i familiars i desaparèixer durant un any. El primer de gener de l'any següent comprovar com hem canviat nosaltres i com ha canviat la gent sense nosaltres.

Agafar totes les píndoles de la nostra farmaciola, introduir-les en un bombo de la loteria i prendre'n una cada dia a l'atzar. Al cap d'un any, anar al metge a veure què ens troba.

Fer el traspàs dels noms de l'agenda vella a l'agenda nova i constatar dolorosament que hem perdut noms estimats i que s'hi han afegit noms que encara no estimem prou.

Canviar de marca d'encenedor, abandonar els mitjons negres i decidir-nos d'una vegada a aprendre la viola de gamba.

Conservar tots els culs d'ampolla que ens han quedat de les festes. L'any vinent, comprovar si és veritat que el vi millora amb els anys.

Disfressar-nos de carter reial i anar aquest matí per les botigues demanant cartes als reis dient que passarem a la tarda a recollir-les. Evidentment, passar-hi i comprovar que ens han fet cas.

Demanar un diari de fa cinquanta anys i llegir-lo dalt del tramvia blau.

Anar al teatre amb un grup d'amics a veure una representació d'una obra clàssica. Portar-nos el text de casa i seguir els diàlegs amb una llanterna petita des del pati de butaques.

Ensenyar a dir el nostre nom a les cotorres i deixar-les anar per la ciutat. Més tard, passejar-nos sota les palmeres i sentir com ens criden des de les alçades.

Comprar un gira-sol i guardar-lo durant el dia en una habitació fosca. Treure'l a la terrassa durant la nit i així, a poc a poc, anar convertint el gira-sol en gira-lluna.

Pujar a les torres i els campanars on fan niu les cigonyes, no fos cas que alguna s'hi hagués deixat un nen petit embolicat en un mocador de fer farcells.

Posar-nos a la porta de casa amb una cadira de boga: fer feines antigues, fer troques de llana o puntes de coixí.

Esculpir un anell de gel en forma de diamant. Posar-lo al dit dels amors efímers mentre li jurem amor etern.

Dedicar una nit de la setmana a visitar la gent que treballa sola: els vigilants de pàrquing, els encarregats de les obres, els que guarden fusta al moll i fer-los companyia.

Aprendre una llengua exòtica i llunyana i quan ja sapiguem pronunciar coses boniques, trucar a un número de telèfon d'aquell país i començar a parlar fins que ens pengin.

Jugar al trivial amb preguntes que no admetin resposta: Existeix Déu? Qui va matar Kennedy? Hi ha vida després de la mort?

Barrejar enmig d'una conversa culta expressions com «pograma», «indiosincràcia», «telèfen», «certificat metge» o «lliteratura».

Escriure poemes d'un gran lirisme a la porta dels vàters públics per compensar les grolleries habituals.

Interessar-nos per temes que mai no ens havien fet ni fred ni calor: el cant de les balenes, la cerimònia del te, el futbol sala…

Beure vi en calze, menjar en plat de fusta, recollir aigua amb les mans, fugir al desert i esperar l'arribada d'un nou messies.

Amb un comptagotes d'or, tacar-nos amb oli del més car un vestit de Giorgio Armani.

Prendre'ns un any sabàtic i viatjar per tot el planeta perseguint els eclipsis de sol i de lluna.

Fingir que estem engripats i apuntar en una llista els que vénen a interessar-se per la nostra salut i en una altra aquells que tenen por de contagiar-se.

❀

Disfressar-nos de capellà dels d'abans i passar la tarda davant d'un aparador de vestits de núvia.

Ingressar tres-cents kilos de caramels al banc; negociar els rèdits en *peladilles.*

Passar-nos tot un dia de tardor topant contra els vidres de portes i finestres, experimentant així l'apassionant vida de les mosques.

Llençar avions de paper de diari des d'un lloc molt alt i esperar que els coloms i les gavines aprenguin a llegir mentre voleien.

Fer de porters espontanis. Palplantar-se al costat d'una entrada de pisos i preguntar a tot aquell que hi vulgui entrar on va i a quin pis. Al cap d'uns dies canviar de portal fins a conèixer les intimitats de tot el barri.

Demanar als actors que es posin a les taquilles, a les taquilleres que facin de públic i als crítics que pugin a l'escenari.

Aprendre a tocar instruments no gaire prestigiats com ara l'acordió, els pianos de maneta, el corn, les castanyoles o el triangle.

Anar al notari a fer testaments de fortunes que no tenim en favor d'enemics que encara no coneixem.

Beure aigua, fumar cigarrets de xocolata, fer gimnàstica, menjar verdura a la planxa. Després, llençar-nos en un parapent de la nostra invenció des de la muntanya més alta amb la certesa que ho hem fet gairebé tot per viure molts anys.

Escriure una novel·la començant pel final. Presentar-la a un premi. I en comptes de cobrar uns diners, pagar-los.

Anar a un taller de cotxes. Adreçar-nos a la secció de recanvis. Comprar-ne un de cada i anar construint un cotxe peça a peça i a casa.

Posar plaques amb nom als passadissos i a les habitacions de la casa: carrer del Nen, plaça de l'Avia, bulevard des Somnis Trencats, balcó de la Cosineta...

Passejar per les sales de pediatria dels hospitals, fer una representació de titelles per als nens, explicar-los contes i dir-los que es posaran bons de seguida.

Desitjar un bon cap de setmana a aquells que treballen el cap de setmana.

Quan obrim l'aixeta fer un petó a l'aigua, perquè surt quan volem, és neta, prudent, controlada i potable.

Quan arribi la tardor anar a collir fulles seques. Dur-les a casa, llençar-les a terra, engegar un ventilador i ensenyar-los a ballar sardanes.

Si teniu una terrassa i plou quan encara és fosc, despulleu-vos i feu la vostra dutxa matinal amb aigua de pluja.

Buscar un país petit que no tingui gaire emigració. Viatjar-hi una temporada i oferir-nos per ser-ne els ambaixadors i així formar part del cos diplomàtic sense haver de fer gaire feina.

Aixecar una paret davant d'un solar. Pintar-la i fer-hi un foradet petit al mig. Comptar quantes persones s'aturen a mirar qui hi ha a l'altra banda.

Encendre la llar de foc i abocar-hi substàncies químiques que facin fum vermell, blau, groc o verd i esperar que arribi algú advertint-nos que l'arc de Sant Martí se'ns vol ficar per la xemeneia.

Tallar els diaris en trossets menuts, omplir-ne una habitació i comprovar que en papers petits tant important és la venda d'una multinacional com l'oferta d'una moto de tercera mà.

Comprar rellotges de sorra i omplir-los amb diferents sorres: la del desert, la de Marbella, la de les places de toros, la dels solars en construcció i comprovar quina s'endarreix i quina s'avança.

Posar un cobrellit en una asta i saludar-lo militarment al so d'una cançó de bressol.

Posar una aspirina efervescent en un got i veure com es va fonent mentre llegim en veu alta el primer versicle del Gènesi.

Fer-nos fer tergetes de visita. Posar-hi el nostre nom i, a sota, en el lloc del càrrec o de l'ofici, fer imprimir la paraula «dubtador». Repartir-la pel barri i esperar que ens truquin aquells que ho saben tot.

Anar a visitar els directors de les oficines bancàries i oferir-nos com a coixí moral cada vegada que hagin de denegar un préstec o executar un embargament.

Si anem al dentista perquè ens treguin un queixal, agafar-lo amb cotó fluix i posar-lo sota del coixí. Durant la nit fer veure que estem dormint fins que escoltem unes potes petites que furguen entre les plomes.

❀

Si sentim que estem bé amb algú, diguem-ho.

Si estem malament però ho podem suportar, callem-ho.

Si tant se'ns en fot, fugim a un altre país.

Donar-nos de baixa de tots els clubs, les associacions i les confraries i així gaudir de la coqueteria que tothom ens vagi al darrere demanant que ens ho repensem.

Asseure'ns en un banc i no moure'ns d'allà ni de dia ni de nit fins que els coloms s'acostumin a posar-se damunt nostre i ens deixin cagats com les estàtues dels parcs.

Seguir la gent que surt de les esglésies o que entra als sex-shops i buscar els espais que fan servir en comú.

Agafar totes les coses de l'avi i anar-les a vendre a un antiquari. Amb els diners que ens donin, i ja que hi som, comprar algun objecte que algun dia es va vendre el besavi.

Escriure una carta als Reis demanant que vingui la República.

AQUESTA SEGONA EDICIÓ DE «BONS PROPÒSITS»,
DE JOAN BARRIL I JOAN OLLÉ,
COMPOSTA PER VÍCTOR IGUAL, AMB TIPUS MINION,
ES VA ACABAR D'IMPRIMIR A GRAMAGRAF,
SANTA COLOMA DE GRAMENET,

EL 26 DE NOVEMBRE DE 2002,

CENT SISÈ ANIVERSARI
DEL PRIMER PARTIT DE FUTBOL SALA DE LA HISTÒRIA
EN QUÈ LA UNIVERSITAT DE CHICAGO
VA GUANYAR A LA UNIVERSITAT DE MICHIGAN
PER 7 A 6.

Narcís Comadira

L'ànima dels poetes

L'ànima dels poetes és un petit i emocionant tractat a favor de la poesia i els poetes. Escrit amb la prosa elegant i impecable de Narcís Comadira, aquest llibre és un petit homenatge als nostres poetes (Carner, Ferrater, Maragall, Verdaguer), i a molts d'altres: Lorca, Cavalcanti, Dante, Leopardi, Hugo,... Comadira defensa amb energia alguns noms que últimament s'havien posat en dubte, i converteix aquest llibre en un al·legat a favor dels poetes i de la vigència universal de la poesia.

S È R I E   A   D ' A R A   L L I B R E S

Rosa Regàs

Per un món millor

Per un món millor és l'últim llibre de Rosa Regàs, un al·legat apassionat i inoblidable a favor de les llibertats. Escrit amb la força i l'autoritat moral de qui pot parlar de les qüestions més variades, aquest text és un recorregut per algunes de les injustícies que han marcat la nostra història més recent: l'onze de setembre i la posterior guerra d'Afganistan, la discriminació de la dona, els privilegis de l'església, les corrupcions dels polítics i moltes més coses. Rosa Regàs reflecteix en aquest llibre una vida dedicada a escriure, però també a defensar amb energia els drets humans, la justícia i la raó, sempre en contra del poder i sempre a favor dels més dèbils. Per un món millor és el primer llibre de Rosa Regàs escrit originalment en català.